Carla gewidmet

UNTERSTÜTZEN SIE IHRE LOKALER ZOO!

Für jeden Kauf dieses Buches hergestellt im Jahr 2023, ich werde spenden 1,00 $ des Erlöses gehen an mich örtlicher Zoo – Der Toronto Zoo!

Als Fundraising-Partner des Toronto Zoo trägt das Toronto Zoo Wildlife Conservatory zur Finanzierung der wichtigen Naturschutzarbeit des Toronto Zoos bei, um Wildtiere und wilde Gebiete im In- und Ausland zu retten. Wenn Sie spenden möchten, nutzen Sie bitte den folgenden Link:

https://www.wildlifeconservancy.ca/donate

Auf den Bus warten am Schulausflugstag!

Unsere Klasse wird
Der Tierpark
zum Lernen und Spielen

Ich war gestern Abend so aufgeregt
war schwer zu schlafen...

Hoffentlich werde ich mic[h]
im Zoo treffen
ein paar Schafe!

(WIE VIELE KÖNNEN SIE ZÄHLEN?)

Ich kann es kaum erwarten...

SPRINGEN
SPRINGEN
SPRINGEN

WILLKOMMEN!

IM ZOO!

Erster Halt: die Primaten!

Beobachten Sie die Affen herumschwingen!

Sie bringen uns zum Lachen – sie sind so lustig

Mit ihren HOOT- und HOWL-GERÄUSCHE!

Wir kommen an einem Elefanten vorbei und hier ist, was wir tun ...

SPRINGEN
SPRINGEN
SPRINGEN

IM ZOO!

Jetzt machen wir uns au[f] die Suche nach den Eisbären!

In freier Wildbahn verschmelzen sie mit dem Schnee.

Im Zoo planschen sie herum!

Dann die Rutsche hinunter Sie gehen!

Jetzt ist es an der Zeit...
SPRINGEN
SPRINGEN
SPRINGEN

IM ZOO!

Der nächste Halt ist
The Aviary...

Vielleicht wird eine Eule fragen
WER? WER?

Wir lernen etwas über Vögel und ihre Lieder.

Wieder einmal können wir es kaum erwarten...

SPRINGEN
SPRINGEN
SPRINGEN

IM ZOO!

SPRINGEN
SPRINGEN
SPRINGEN

IM ZOO!

Die Giraffen sind so groß...

Sie erreichen fast den Himmel!

Und der Schwanz des gestreiften Zebras schwirrt –

als er vorbeigaloppiert!

Das Faultier bringt dich zum Lächeln.

Der Alligator bringt einen zum Schmunzeln.

Der Koala macht hungrig...

Die Spinne bringt dich zum Drehen!

Das Känguru und die Joeys machen dich -

möchte springen...

Aber es gibt eine Pinguin-Party ...

Und Sie sind eingeladen...

SPRINGEN
SPRINGEN
SPRINGEN

SCHÖNEN
ZOO-TAG!

IM ZOO!

Jetzt ist es Zeit zu gehen

Du bist müde, aber
Du willst nicht...

Schauen Sie sich also noch einmal um.

Es ist noch Zeit,...

SPRINGEN

SPRINGEN

SPRINGEN

IM ZOO!

Nun ist unser Besuch vorbei.

Wir haben heute nicht alle Tiere gesehen...

Aber das ist OK...

Wir können an einem anderen Tag wiederkommen!

Also winkt zum Verabschiedung

Jetzt zurück in der Schuleimmer noch Zeit...

SPRINGEN SPRINGEN SPRINGEN
Nach einem erlebnisreichen Tag im Zoo!

WIR

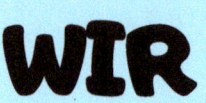

IM ZOO!

Vergessen Sie nicht, Ihren örtlichen Zoo zu unterstützen!

Englische Versionen
Sprungserie:
Springe wie ein Karibu! (Und Deutsch)
Springe wie ein Känguru (Und Deutsch)
Spring und sag P.U.!
Spring und sag Buh!
Springen Sie und sagen Sie, dass Valentinstag ist
Auch für Kinder!
Springe und suche nach einem Hinweis!
Spring und sag dir alles Gute zum Geburtstag!
Spring für alles Blau!
Springe, hüpfe und sage dir frohe Ostern!
Springe und sag Cock-A-Doodle-Do!
Springe und singe Da-Do-Do-Do!
Springe und frage wer? WHO?
Springe und kreische wie ein Kakadu!
Springe und frage: Bist du es oder Ewe?
Spring und sag: „In meinem Eintopf ist ein Iwww!"
Springen Sie und sagen Sie frohe Weihnachten!
Springt und jubelt frohes neues Jahr!
Springen Sie und sagen Sie, dass in einem Tutu e\in Mu-Muh ist!

Spring und sag: „Da ist ein Hase in meinem Haar!"
Spring und sag, meine Tante hat eine Ameise
gegessen!
Springe und sag, dass im Vergnügungspark
ein Erdferkel ist!

Klatschen Sie für die Serie
Klatschen Sie für 1!
Klatschen Sie für 2!
Klatschen Sie für 3!
Klatschen Sie für 4!
Klatschen Sie für 5!
Klatschen Sie für 6!
Klatschen Sie für 7!
Klatschen Sie für 8!
Klatschen Sie für 9!

Andere Kinderbücher:
Die Katze, die Hallo sagte
Die drei Felsbrocken
Billy Shakespeare
Billie Shakespeare
Lernen Sie, mit Symmetrie zu zeichnen

Sachbücher
103 Fundraising-Ideen für ehrenamtliche Eltern
mit Schulen und Teams